Sterne gehören zur Weihnachts- und Winterzeit wie das Christkind in die Krippe, die Geschenke unter den Baum und der Glühwein auf den Weihnachtsmarkt. Ohne sie wäre diese Zeit des Jahres einfach nicht vollständig. Wir sehen sie überall an Ständen und in den Läden glitzern, sie begegnen uns als Christbaumanhänger und auf Geschenkpapier, als funkelnder Schmuck und als Weihnachtsplätzchen sowieso. Und wer sich in einer klaren, kalten Winternacht einmal hinaustraut, wird sie auch am Himmel blitzen sehen wie einst die Heiligen Drei Könige. Besonders raffinierte, im Licht erstrahlende, beeindruckend gefaltete und doch nur aus hauchzartem Papier bestehende Sterne finden Sie in diesem Buch. Sie sind eine wunderschöne Dekoration für die Weihnachtszeit, aber erstrahlen gerne auch den ganzen Winter an Ihren Fenstern. Viel Freude beim Schneiden, Falten, Kleben und anschließend dem Genuss von Farbenspiel und Sternenzauber.

Ihr

# Stern in warmem Pink
## leuchtet in gemütlichen Stunden

**DURCHMESSER**
ca. 50 cm

**MATERIAL**
* Transparentpapier in Pink

**ZUSCHNITT MODUL**
* 8 x Zuschnitt A: 25 cm x 17,5 cm

**VORLAGE**
Bogen 1A

**1, 2, 3+4** Jeden der acht Zuschnitte zuerst längs in der Mitte falten, dann die vier Ecken nach innen falten. Das Ganze wenden.

**5** Die beiden oberen Ecken zur Mitte falten.

**6+7** Die beiden oberen Ecken von der Rückseite nach außen klappen.

**8+9** Die beiden Ecken an den gestrichelten Linien zur Mitte falten.

**10+11** Die Spitzen der soeben zur Mitte gefalteten Ecken schräg nach unten falten.

**12+13** Beide Ecken an den gestrichelten Linien schräg nach außen falten.

**14+15** Beide Seiten an den gestrichelten Linien zur Mitte falten.

**16, 17+18** Die beiden soeben zur Mitte gefalteten Seiten an den gestrichelten Linien wieder nach außen falten. Das Modul wenden.

**19+20** Im unteren Drittel beide Ecken an den gestrichelten Linien schräg nach außen falten.

**21** Diese acht Module gemäß „Achtzackiger Stern aus acht Modulen" (siehe Umschlagklappen) zusammenkleben.

---

### Mein Tipp für Sie

**Rottöne** Arbeiten Sie viele verschiedene Sterne in Rot- und Pinktönen. Das wirkt sehr modern und edel.

SCHÖN BUNT

# Kühl leuchtende Schönheit

## Winterstern in elegantem Weiß

**DURCHMESSER**
ca. 35 cm

**MATERIAL**
* Seidenraupen-Transparentpapier in Weiß

**ZUSCHNITT**
**MODUL**
* 8 x Zuschnitt B: 17,5 cm x 12,5 cm

**VORLAGE**
Bogen 1A

**1, 2+3** Jeden der acht Zuschnitte zuerst längs in der Mitte falten, dann die vier Ecken nach innen falten. Das Ganze wenden.

**4+5** Die beiden Seiten zur Mitte falten.

**6+7** Im unteren Drittel die beiden Ecken schräg nach außen falten.

**8+9** Die beiden oberen Ecken schräg zur Mitte falten. Das Ganze wenden.

**10** Im unteren Drittel die beiden Ecken schräg nach außen falten.

**11+12** Im oberen Drittel ebenfalls die beiden Ecken schräg nach außen falten.

**13** Diese acht Module gemäß „Achtzackiger Stern aus acht Modulen" (siehe Umschlagklappen) zusammenkleben.

---

**Mein Tipp für Sie**

**Edles Weiß** Weiße Sterne wirken in der Menge besonders schön. Wenn Sie Zeit und Lust haben, dann falten Sie Ihre Lieblingssterne aus diesem Buch alle in Weiß.

KÜHL UND ELEGANT

Achten Sie darauf, möglichst exakt zu arbeiten. Unsaubere Faltlinien fallen leicht ins Auge.

# Fröhliches Strahlen

## Stern in Sonnengelb

**DURCHMESSER**
ca. 9 cm

**MATERIAL**
* ca. 25 cm

**ZUSCHNITT**
MODUL
* 4 x Zuschnitt H:
  25 cm x 8,8 cm

**VORLAGE**
Bogen 1A

**1** Bei jedem der vier Zuschnitte das obere Ende auf das untere falten und wieder öffnen, damit eine waagrechte Mittellinie entsteht. Nun den Zuschnitt längs in der Mitte falten und wieder öffnen. Dann die beiden Seiten zur Mitte falten.

**2** Die vier Ecken nach innen falten.

**3** Mit der Schere die obere Papierlage von der Mitte nach außen einschneiden.

**4+5** Nun die vier Ecken schräg von der Mitte nach außen falten.

**6+7** Die Spitzen der nach außen gefalteten Ecken schräg nach innen falten.

**8** Dieselben Ecken an den gestrichelten Linien wieder schräg nach außen falten.

**9+10** Die Ecken am oberen und unteren Ende wieder nach außen klappen.

**11, 12+13** Die linke obere Ecke schräg nach unten falten, sodass der obere Rand mit der Faltlinie auf der rechten Seite abschließt. Dann das Eck an der senkrechten Mittellinie wieder nach links falten.

**14** Dasselbe mit den drei anderen Ecken wiederholen.

**15** Diese vier Module als vierzackigen Stern aus Doppelzackenmodulen (siehe Umschlagklappen) zusammenkleben.

SCHÖN BUNT

# Achtfach auf Zack

## Beeindruckender Stern in Rot

**DURCHMESSER**
ca. 62 cm

**MATERIAL**
* Seidenraupen-Transparentpapier in Rot

**ZUSCHNITT**
**KLEINES MODUL**
* 8 x Zuschnitt G:
  12,5 cm x 8,8 cm

**MITTLERES MODUL**
* 8 x Zuschnitt B:
  17,5 cm x 12,5 cm

**GROSSES MODUL**
* 8 x Zuschnitt H:
  25 cm x 8,8 cm

**VORLAGE**
Bogen 2A

## Großes Modul

**1, 2+3** Den Zuschnitt längs in der Mitte falten, dann die Ecken zur Mitte falten.

**4+5** Die Ecken an den gestrichelten Linien nach außen falten.

**6+7** Die Seiten an den Ecken zur Mitte falten.

## Mittleres Modul

**1+2** Den Zuschnitt längs in der Mitte falten, dann die Ecken zur Mitte falten.

**3** Die Ecken an den gestrichelten Linien nach außen falten.

**4** Die Seiten an den Ecken zur Mitte falten.

**5+6** Die beiden unteren Seiten schräg zur Mitte falten.

## Kleines Modul

**1, 2+3** Den Zuschnitt längs in der Mitte falten, dann die beiden oberen Ecken nach innen falten.

**4+5** Die beiden oberen Ecken schräg zur Mitte falten.

**6** Die beiden unteren Ecken schräg zur Mitte falten.

**7** Diese Ecken an den gestrichelten Linien wieder nach außen falten.

**8+9** Die Spitzen der Ecken wieder nach innen falten.

Die großen und mittleren Module im Wechsel zu einem sechzehnzackigen Stern zusammenkleben (vgl. Umschlag: „Sechzehnzackiger Stern aus jeweils acht großen und acht kleinen Modulen"). Abschließend auf die großen Modulspitzen noch jeweils ein kleines Modul kleben.

SCHÖN BUNT

# Festliches Himmelslicht

## mit langen Strahlen

**DURCHMESSER**
ca. 38 cm

**MATERIAL**
* Seidenraupen-Transparentpapier in Gelb

**ZUSCHNITT**
MODUL
* 8 x Zuschnitt H: 25 cm x 8,8 cm

**VORLAGE**
Bogen 1B

**1, 2+3**  Den Zuschnitt längs in der Mitte falten. Die Ecken zur Mitte falten.

**4, 5+6**  Die Ecken am unteren Ende von der Mitte schräg nach außen falten. Modul wenden.

**7**  Am oberen Ende die Ecken von den Seiten zur Mitte falten.

**8+9**  Die untere Spitze an der gestrichelten Linie nach oben falten.

**10+11**  Die Spitze an der gestrichelten Linie wieder nach unten falten.

**12+13**  In der unteren Hälfte die beiden Ecken schräg nach unten falten. Das Modul wenden.

**14+15**  Die beiden Ecken am oberen Ende nach außen klappen.

**16+17**  Die beiden Seiten an den gestrichelten Linien zur Mitte falten.

**18+19**  Die soeben nach innen gefalteten Seiten an den gestrichelten Linien wieder nach außen falten.

**20+21**  Am oberen Ende die Ecken an den gestrichelten Linien nach innen falten.

**22**  Diese acht Module gemäß „Achtzackiger Stern aus acht Modulen" (siehe Umschlagklappen) zusammenkleben.

> **Mein Tipp für Sie**
>
> **Farbvariante** Einen schönen Effekt erzielen Sie, wenn Sie die Strahlen abwechselnd aus Seidenraupen-Transparentpapier und Transparentpapier arbeiten.

FESTLICH

SCHÖN BUNT

Die verschiedenen sich überlagernden Papierlagen machen den ganz besonderen Charakter des jeweiligen Sterns aus.

# Zweifach schön

## Sterne in Grün und Rosa

**DURCHMESSER**
ca. 25 cm

**MATERIAL**
* Seidenraupen-Transparentpapier in Rosa oder Hellgrün

**ZUSCHNITT MODUL**
* 8 x Zuschnitt G:
  12,5 cm x 8,8 cm

**VORLAGE**
Bogen 2A

**1, 2+3** Den Zuschnitt längs in der Mitte falten, dann die beiden oberen Ecken zur Mitte falten.

**4+5** Dieselben Ecken wieder schräg nach außen falten.

**6+7** Die beiden oberen Ecken schräg zur Mitte falten.

**8, 9+10** Die beiden unteren Ecken schräg zur Mitte falten. Dann dieselben Ecken entlang der gestrichelten Linie wieder schräg nach außen falten.

**11+12** Die untere Spitze so weit nach oben falten, dass sie mit den daneben liegenden Ecken eine Linie bildet.

**13** Wenn die acht Module zusammengeklebt werden, überschneiden sich die Module wie bei den Sternen ohne Öffnung in der Mitte so weit, dass die Außenkanten eines Moduls immer an den Mittellinien der beiden Nachbarmodule enden.

# Faszinierender Himmelskörper

## Raffinierter Stern mit sechzehn Zacken

**DURCHMESSER**
ca. 35 cm

**MATERIAL**
* Transparentpapier in Lila

**ZUSCHNITT**
**MODUL**
* 16 x Zuschnitt B: 17,5 cm x 12,5 cm

**VORLAGE**
Bogen 2A

**1, 2+3** Den Zuschnitt längs in der Mitte falten, dann die beiden oberen Ecken zur Mitte falten.

**4+5** Nochmals die beiden oberen Ecken zur Mitte falten.

**6+7** Dieselben Ecken entlang der gestrichelten Linien wieder nach außen falten.

**8, 9, 10+11** Die beiden unteren Ecken zur Mitte und dann an den gestrichelten Linien wieder nach außen falten.

**12+13** Dieselben Ecken nochmals nach innen falten.

**14** Die sechzehn Module werden gemäß „Sechzehnzackiger Stern aus sechzehn Modulen – stumpfes Modulende außen" (siehe Umschlagklappen) zusammengeklebt.

> **Mein Tipp für Sie**
>
> **Inspiration** Kombinieren Sie verschiedene Sterne in allerlei Violetttönen miteinander für einen besonders edlen Effekt.

FESTLICH

# Bunter Sternenzauber

## in Gelb und Orange

**DURCHMESSER**
ca. 25 cm

**MATERIAL**
* Transparentpapier in Gelb und Orange

**ZUSCHNITT**
**MODUL 1**
* 8 x Zuschnitt F: 17,5 cm x 3,1 cm

**MODUL 2**
* 8 x Zuschnitt I: 25 cm x 4,4 cm

**VORLAGE**
Bogen 1B

## Modul 1

**1+2** Den Zuschnitt in der Mitte und nochmals falten.

**3** Den Zuschnitt längs in der Mitte falten und dann die Ecken zur Mitte falten.

**4** Den Zuschnitt an den vier markierten Stellen ca. 8 mm einschneiden.

**5+6** Die Ecken an den Einschnitten schräg zur Mitte falten.

**7+8** An den Enden die Ecken zur Mitte falten.

## Modul 2

**1** Den Zuschnitt jeweils längs und quer in der Mitte falten.

**2, 3+4** Die Ecken an den Enden schräg zur Mitte falten. Den Zuschnitt wenden.

**5** Die Ecken abermals zur Mitte falten.

**6** Das Modul jeweils 2 cm von der Mittellinie entfernt 1,2 cm einschneiden.

**7, 8+9** Die Ecken an den Einschnittstellen schräg zur Mitte falten. Das Modul wenden.

**10+11** An den Spitzen die Ecken schräg nach außen falten.

Die Module zusammenkleben (vgl. „Doppelzackenmodule zusammenkleben" auf den Umschlagklappen). Von Modul 1 jeweils aus zwei Modulen ein Kreuz kleben. Die beiden Kreuze versetzt zu einem Stern aufeinanderkleben. Dasselbe mit den Modulen von Modul 2 machen. Die beiden so entstandenen achtzackigen Sterne abermals leicht versetzt aufeinanderkleben.

SCHÖN BUNT

# Big is beautiful

## XXL-Stern in leuchtendem Rosa

**DURCHMESSER**
ca. 50 cm

**MATERIAL**
* Seidenraupen-Transparentpapier in Rosa

**ZUSCHNITT MODUL**
* 8 x Zuschnitt A: 25 cm x 17,5 cm

**VORLAGE**
Bogen 1A

**1, 2, 3+4**  Jeden der acht Zuschnitte zuerst längs in der Mitte falten, dann die vier Ecken nach innen falten. Das Ganze wenden.

**5**  Die beiden oberen Ecken zur Mitte falten.

**6+7**  Die beiden oberen Ecken von der Rückseite nach außen klappen.

**8+9**  Die beiden Ecken an den gestrichelten Linien zur Mitte falten.

**10+11**  Die Spitzen der soeben zur Mitte gefalteten Ecken schräg nach unten falten.

**12, 13+14**  Die beiden Seiten zur Mitte falten. Das Modul wenden.

**15**  Die beiden Ecken im unteren Drittel schräg nach außen falten.

**16+17**  Diese beiden Ecken abermals nach außen falten.

**18**  Diese acht Module gemäß „Achtzackiger Stern aus acht Modulen" (siehe Umschlagklappen) zusammenkleben.

---

**Mein Tipp für Sie**

**Geschenkidee** Ein riesengroßer Stern ist eine beeindruckende Geschenkidee für die Weihnachtszeit.

FESTLICH

# Ganz in Grün

## XXL-Stern mit langen und kurzen Zacken

**DURCHMESSER**
ca. 50 cm

**MATERIAL**
* Transparentpapier in Hellgrün

**ZUSCHNITT**
**MODUL 1**
* je 8 x Zuschnitt H: 25 cm x 8,8 cm

**MODUL 2**
* je 8 x Zuschnitt G: 12,5 cm x 8,8 cm

**VORLAGE**
Bogen 2B

### Modul 1

**1, 2+3** Den Zuschnitt längs in der Mitte falten, dann die vier Ecken nach innen falten.

**4+5** Die Ecken nochmals zur Mitte falten.

**6+7** Die beiden oberen Ecken nochmals zur Mitte falten.

### Modul 2

**1, 2+3** Den Zuschnitt längs in der Mitte falten, dann die beiden unteren Ecken nach innen falten.

**4+5** Die beiden unteren Ecken nochmals zur Mitte falten.

**6+7** Die beiden oberen Ecken zur Mitte und dann an den gestrichelten Linien wieder nach außen falten.

**8+9** Die Spitzen dieser beiden Faltabschnitte nach innen falten.

**10** Die jeweils acht großen und kleinen Module im Wechsel zu einem sechzehnzackigen Stern zusammenkleben (vgl. „Sechzehnzackiger Stern aus jeweils acht großen und acht kleinen Modulen zusammenkleben" auf den Umschlagklappen).

> **Mein Tipp für Sie**
>
> **Variante** Der Stern wirkt auch sehr schön, wenn Sie Modul 1 und 2 in unterschiedlichen Farben arbeiten.

SCHÖN BUNT

# Großer Weihnachtsstern
## in Rot und Orange

**DURCHMESSER**
ca. 50 cm

**MATERIAL**
* Transparentpapier in Rot und Orange

**ZUSCHNITT**
**MODUL**
* je 8 x Zuschnitt H: 25 cm x 8,8 cm in Rot und Orange

**VORLAGE**
Bogen 2A

**1, 2+3** Den Zuschnitt längs in der Mitte falten, dann die vier Ecken nach innen falten.

**4+5** Die beiden oberen Ecken nochmals zur Mitte falten.

**6+7** Die beiden oberen Ecken erneut zur Mitte falten.

**8+9** Jetzt die beiden unteren Ecken zur Mitte falten.

**10** Jeweils acht rote und orangefarbene Module falten. Die unterschiedlich farbigen Module abwechselnd zu einem sechzehnzackigen Stern zusammenkleben (vgl. „Sechzehnzackiger Stern aus sechzehn Modulen" auf den Umschlagklappen).

### Mein Tipp für Sie

**Farbkombinationen** Beim Zusammenstellen der Farben können Sie Ihrer Fantasie freien Lauf lassen. Kontrastfarben wirken interessant, Ton in Ton gehalten erzielen Sie einen dezenteren Effekt.

FESTLICH

FESTLICH

# Kräftiges Glanzlicht
## gelber Stern

**DURCHMESSER**
ca. 25 cm

**MATERIAL**
* Seidenraupen-Transparentpapier in Gelb

**ZUSCHNITT**
**MODUL**
* 3 x Zuschnitt H:
  25 cm x 8,8 cm

**VORLAGE**
Bogen 1B

**1** Den Zuschnitt von oben nach unten falten, sodass die waagrechte Mittellinie entsteht. Nochmals in der Mitte falten, sodass die beiden anderen waagrechten Linien entstehen. Dann den Zuschnitt längs in der Mitte falten.

**2** Die Ecken zur Mitte falten.

**3+4** An beiden Seiten an den gestrichelten Linien jeweils 2,2 cm tief einschneiden. Dann die Ränder zwischen den Einschnitten zur Mitte falten.

**5+6** Die Ecken an den gestrichelten Linien schräg nach außen falten.

**7+8** Die Ecken abermals schräg nach außen falten.

**9+10** Die Ecken an beiden Modulenden schräg zur Mitte falten.

**11+12** Die soeben nach innen gefalteten Ecken an den gestrichelten Linien wieder nach außen falten.

**13** Die Module gemäß „Doppelzackenmodule zusammenkleben" (siehe Umschlagklappen) miteinander verbinden.

# Effektvolle Sternenpracht
## fein gefaltet

**DURCHMESSER**
ca. 25 cm

**MATERIAL**
* Transparentpapier in Maigrün und Weiß

**ZUSCHNITT**
**MODUL 1**
* 4 x Zuschnitt I: 25 cm x 4,4 cm in Hellgelb

**MODUL 2**
* 4 x: 14,8 cm x 5,2 cm in Weiß

**VORLAGE**
Bogen 1B

## Modul 1

**1** Jedes der vier Module zuerst längs und dann quer in der Mitte falten.

**2+3** Die vier Ecken zur Mitte falten.

**4+5** Die vier Ecken abermals zur Mitte falten.

## Modul 2

**1** Jedes der vier Module zuerst längs und dann quer in der Mitte falten.

**2+3** Die vier Ecken zur Mitte falten.

**4+5** Die Ecken wieder schräg nach außen falten.

**6+7** Die Seiten an den gestrichelten Linien zur Mitte falten.

**8** Die Module zusammenkleben (vgl. „Doppelzackenmodule zusammenkleben" auf den Umschlagklappen). Jeweils aus zwei Modulen von Modul 1 ein Kreuz kleben. Die beiden Kreuze versetzt zu einem Stern aufeinanderkleben. Dasselbe mit den Modulen von Modul 2 machen. Die beiden so entstandenen achtzackigen Sterne aufeinanderkleben.

---

**Mein Tipp für Sie**

**Farbvariante** Einen schönen Effekt erzielen Sie, wenn Sie den gleichen Stern mit getauschten Farben arbeiten. Auch andere Farbkombis sehen toll aus.

KÜHL UND ELEGANT

# Winterlicher Himmelsbote
## langzackiger Stern in Eisblau

**DURCHMESSER**
ca. 50 cm

**MATERIAL**
* Transparentpapier in Hellblau

**ZUSCHNITT**
**MODUL 1**
* je 8 x Zuschnitt G: 12,5 cm x 8,8 cm

**MODUL 2**
* je 8 x Zuschnitt H: 25 cm x 8,8 cm

**VORLAGE**
Bogen 2B

### Modul 1

**1, 2+3**  Den Zuschnitt längs in der Mitte falten, dann die vier Ecken nach innen falten.

**4+5**  Die Ecken nochmals zur Mitte falten.

**6+7**  Die beiden Seiten zur Mitte falten.

**8+9**  Die soeben zur Mitte gefalteten Seiten an den gestrichelten Linien wieder nach außen falten.

### Modul 2

**1+2**  Den Zuschnitt längs in der Mitte falten, dann die vier Ecken nach innen falten.

**3+4**  Die beiden oberen Ecken schräg nach außen falten.

**5+6**  Die beiden unteren Ecken zur Mitte falten.

Die jeweils acht großen und kleinen Module im Wechsel zu einem sechzehnzackigen Stern zusammenkleben (vgl. „Sechzehnzackiger Stern aus jeweils acht großen und acht kleinen Modulen" auf den Umschlagklappen).

# KÜHL UND ELEGANT

Fast wie gebatikt wirken die durch die Faltungen erzielten effektvollen Farbschattierungen.

# Zauberhafter Filigranstern

## in wunderschönen Lilatönen

**DURCHMESSER**
ca. 35 cm

**MATERIAL**
* Transparentpapier in Lila

**ZUSCHNITT**
**MODUL**
* je 8 x Zuschnitt B:
  17,5 cm x 12,5 cm

**VORLAGE**
Bogen 2B

**1, 2+3** Den Zuschnitt längs in der Mitte falten, dann die vier Ecken nach innen falten. Das Modul wenden.

**4+5** Die beiden oberen Ecken zur Mitte falten.

**6** Die Ecken an den gestrichelten Linien nach außen falten.

**7+8** Die beiden unteren Ecken zur Mitte falten. Das Modul wenden.

**9+10** Die bei Schritt 7 zur Mitte gefalteten Seiten an den gestrichelten Linien wieder nach außen falten.

**11+12** Die beiden oberen Ecken schräg nach außen falten.

**13** Diese acht Module gemäß „Achtzackiger Stern aus acht Modulen" (siehe Umschlagklappen) zusammenkleben.

FESTLICH

**Armin Täubner** lebt mit seiner Familie auf der Schwäbischen Alb und ist seit über 25 Jahren als ungemein vielseitiger Autor für den frechverlag tätig.
Eigentlich ist er Lehrer für Englisch, Biologie und Bildende Kunst. Durch seine Frau, die unter ihrem Mädchennamen Inge Walz noch heute Bücher zu den verschiedensten Techniken im frechverlag veröffentlicht, kam der Allrounder zum Büchermachen. Zweifelsohne ein Glücksfall für die kreative Welt! Es gibt fast kein Material, das Armin Täubners Fantasie nicht beflügelt, und kaum eine Technik, die er sich nicht innerhalb kürzester Zeit angeeignet hat.

### DANKE

Wir danken den Firmen UHU® und Ludwig Bähr für die großzügige Unterstützung mit Material.

### TOPP – Unsere Servicegarantie

WIR SIND FÜR SIE DA! Bei Fragen zu unserem umfangreichen Programm oder Anregungen freuen wir uns über Ihren Anruf oder Ihre Post. Loben Sie uns, aber scheuen Sie sich auch nicht, Ihre Kritik mitzuteilen – sie hilft uns, ständig besser zu werden.

Bei Fragen zu einzelnen Materialien oder Techniken wenden Sie sich bitte an unseren Kreativservice, Frau Erika Noll.
    mail@kreativ-service.info
    Telefon 0 50 52 / 91 18 58

Das Produktmanagement erreichen Sie unter:
    pm@frechverlag.de
    oder:
    frechverlag
    Produktmanagement
    Turbinenstraße 7
    70499 Stuttgart
    Telefon 07 11 / 8 30 86 68

LERNEN SIE UNS BESSER KENNEN! Fragen Sie Ihren Hobbyfach- oder Buchhändler nach unserem kostenlosen Magazin **Meine kreative Welt**. Darin entdecken Sie dreimal im Jahr die neuesten Kreativtrends und interessantesten Buchneuheiten.

Oder besuchen Sie uns im Internet! Unter **www.topp-kreativ.de** können Sie sich über unser umfangreiches Buchprogramm informieren, unsere Autoren kennenlernen sowie aktuelle Highlights und neue Kreativtechniken entdecken, kurz – die ganze Welt der Kreativität.

Kreativ immer up to date sind Sie mit unserem monatlichen **Newsletter** mit den aktuellsten News aus dem frechverlag, Gratis-Bastelanleitungen und attraktiven Gewinnspielen.

### IMPRESSUM

MODELLE: Armin Täubner
FOTOS: lichtpunkt, Michael Ruder, Stuttgart
SKIZZEN: Armin Täubner
PRODUKTMANAGEMENT: Beeke Heller
LEKTORAT: Beeke Heller; Worthographie, Julia Strohbach, Reutlingen
GESTALTUNG: Atelier Schwab, Haselund
DRUCK: frechdruck GmbH, Stuttgart

Materialangaben und Arbeitshinweise in diesem Buch wurden von dem Autor und den Mitarbeitern des Verlags sorgfältig geprüft. Eine Garantie wird jedoch nicht übernommen. Autor und Verlag können für eventuell auftretende Fehler oder Schäden nicht haftbar gemacht werden. Das Werk und die darin gezeigten Modelle sind urheberrechtlich geschützt. Die Vervielfältigung und Verbreitung ist, außer für private, nicht kommerzielle Zwecke, untersagt und wird zivil- und strafrechtlich verfolgt. Dies gilt insbesondere für eine Verbreitung des Werkes durch Fotokopien, Film, Funk und Fernsehen, elektronische Medien und Internet sowie für eine gewerbliche Nutzung der gezeigten Modelle. Bei Verwendung im Unterricht und in Kursen ist auf dieses Buch hinzuweisen.

1. Auflage 2014

© 2014 **frechverlag** GmbH, 70499 Stuttgart

ISBN 978-3-7724-4123-3 • Best.-Nr. 4123          PRINTED IN GERMANY